Anacis (Les) Dernières

Vert

Femme cruelle!...voyez où vous m'avez réduit

LES AMANTS
DÉSESPÉRÉS
OU
LA COMTESSE D'OLINVAL.
TRAGEDIE BOURGEOISE
EN CINQ ACTES.

NOUVELLE ÉDITION
Enrichie d'une Figure en taille douce.

Prix, 30 fols.

A AMSTERDAM,
Et fe trouve A PARIS,
Chez DELALAIN, Libraire, rue & à côté
de la Comédie Françoife.
Et à DIJON, chez la Veuve COIGNARD
& FRANTIN, Libraires & Imprimeur du Roi.

M. DCC. LXIX.

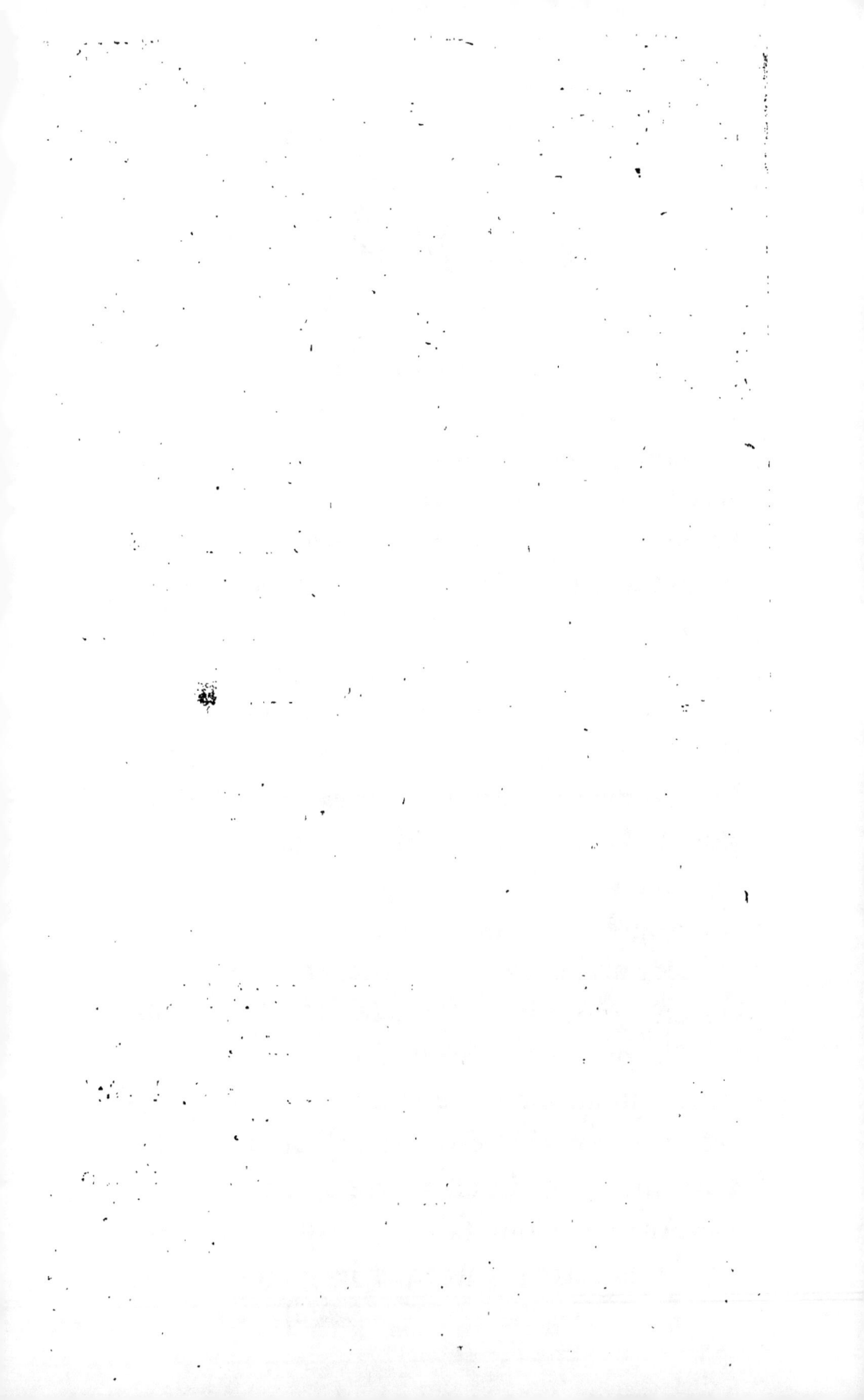

PRÉFACE.

Il y a quelque tems que l'on n'auroit osé prononcer le mot de *Tragédie bourgeoise*; & celui qui auroit proposé, ou hazardé d'intéresser nos cœurs par les tableaux de nos passions, pris dans la condition privée des hommes, auroit été regardé comme un Ecrivain sans goût & dénué de toute connoissance des effets du Théâtre. Le préjugé nous domine dans les Arts comme partout ailleurs: il semble qu'il soit plus commode à la foiblesse humaine d'agir d'après un principe, que de l'examiner; c'est de l'exemple, que l'on a formé bien des regles qui ont retardé les progrès de l'esprit humain. Les Anciens avoient divisé leurs Tragédies en cinq Actes, on en ignore la raison; &, pendant long-tems, on auroit regardé comme sacrilége celui qui auroit violé cette regle; il paroîtroit même encore étrange aujourd'hui d'oser faire une Tragédie en quatre ou en six Actes. Les Anciens n'ont fait parler que des Héros sur le Théâtre, parceque le grand mobile

A ij

de leur Scène étant le courroux des Dieux
& les traits de la Fatalité, l'on ne pouvoit
remplir ces objets qu'en faifant agir des
hommes fur qui les effets de la deftinée fuf-
fent plus fenfibles, par l'influence qu'ils
avoient fur le fort de tout un Peuple. Ces
mêmes Hommes que l'on faifoit paroître fur
la Scène, devoient auffi, par leurs dignités,
pouvoir ajouter à la pompe du Spectacle qui
n'étoit en grande partie qu'une cérémonie
publique, à en juger par l'appareil qu'on lui
donnoit & par la maniere dont il s'exécu-
toit. Sur ce que les Anciens n'ont donc fait
parler que des Héros, la barriere a été po-
fée ; & les Modernes n'ofant la franchir,
ont placé, d'un côté, dans la Tragédie,
les Rois & les Princes ; de l'autre, dans
la Comédie, la condition des hommes pri-
vés. Il n'a été permis qu'aux Héros de fen-
tir les grands mouvements de l'ame, d'avoir
des paffions fortes, d'éprouver des malheurs
& de verfer des larmes : le Bourgeois, regardé comme trop entouré de ridicules pour
que fes paffions ou fes infortunes puffent
prendre un caractere intéreffant, a été condamné à n'être qu'un objet de plaifanterie.

Les premiers Maîtres qui ont ouvert la carriere, Corneille & Racine, se sont peut-être trouvés plus assurés dans la route que leur avoient frayée les Anciens : quoique leur génie pût les porter à parcourir tous les espaces inconnus, ils virent sans doute de si grandes merveilles à produire, qu'entraînés d'ailleurs par leur premiere impulsion, ils continuerent de négliger ce qui étoit à côté d'eux. Ils firent cependant l'effort supérieur de changer la machine du Théatre des Anciens : au lieu de cette Fatalité aveugle qui, en égarant les hommes, pouvoit les rendre intéressants, mais qui devoit toujours moins nous affecter, que des ressorts plus visibles & plus prochains de nous, ils substituerent les passions, & en firent le grand mobile de la Scène. Ce fut alors qu'aux Pieces de Corneille l'ame des Grands Hommes alla se reconnoître dans la magnanimité de ses Héros; & qu'à celles de Racine l'homme sensible se plut à exercer son cœur. Ces deux modeles avoient produit de trop grands effets, pour qu'on ne les suivît pas encore longtems, sans songer aux autres ressources de leur Art. M. de Voltaire, qui

les atteignit, a foutenu, a augmenté encore
l enchantement où nous avoient mis fes Pré-
déceffeurs; & l'on a cru que l'on ne pouvoit
acquerir de gloire que fur fes traces. Le
défefpoir où il nous a mis enfin de recueillir
dans un champ qu'il a tout épuifé, a fait re-
chercher de nouveaux moyens de s'illuftrer
fur la Scène. Comme l'on avoit vu que le
grand reffort de la Tragédie étoit les paffions plus que les dignités, on a conçu que,
dans les Scènes intéreffantes, c'étoit l'homme qui nous affectoit bien plus que le Héros. On en eft venu à ofer croire qu'à me-
fure que les malheurs ou les égarements, qui
dans la Tragédie, nous faifoient répandre
des larmes, fe rapprocheroient de ceux que
nous éprouverions nous-mêmes, nous nous
fentirions l'ame remuée bien plus fortement :
de même que, dans la Nature, nous ne fommes jamais plus vivement intéreffés au fort
d'un infortuné, que quand fa fituation a
rapport à un état par lequel nous avons paffé,
ou à des circonftances qui nous menacent.

L'on a pouffé les réflexions plus loin, &
l'on s'eft dit : Pourquoi ce qui m'affecte,

ce qui m'émeut, ce qui m'attendrit dans un roman, ne le pourra-t-il pas faire sur la Scène, lorsque l'intérêt sera accru par la chaleur & la vie de l'action théâtrale! Que de tableaux nouveaux se sont alors offerts à l'imagination! Tous les désordres des passions, les fureurs & le désespoir de l'amour, les fureurs du jeu, les effets cruels de l'avarice, ceux de la débauche, le délire du fanatisme ; en un mot, tous les égarements de l'esprit & du cœur humain ont présenté de nouvelles ressources au Poëte qui voudra les saisir. Les Anglois avoient déja jetté la semence de ce genre ; les traductions qu'on nous avoit données de quelques-unes de leurs Tragédies bourgeoises, malgré les irrégularités dont ces pieces sont défigurées, nous ont convaincus de l'effet étonnant que ce genre pouvoit produire, lorsqu'il seroit porté à sa perfection. Enfin, l'Auteur de Beverley, en nous arrachant des larmes, vient de répondre à toutes les objections, si l'on doit juger de la bonté d'un genre d'ouvrage par ses effets.

La plus forte objection que l'on ait ja-

mais pu faire contre la Tragédie Bourgeoise ;
c'eſt qu'elle ne préſente que des malheureux
deſtinés à aller périr à la *Grève* ; & que,
par la néceſſité des contraſtes & pour la machine de ces pieces, l'on eſt forcé d'y placer
des ſcélérats, dont le caractere eſt révol-
tant.

A l'égard de la derniere objection, je de-
manderai ſi, dans la Tragédie héroïque, les
fourbes, les traîtres, en un mot, les ſcélérats, n'en ſont pas continuellement la machine; & ſi ce n'eſt pas un Spectacle pathé-
tique que celui de l'homme de bien tourmenté par le méchant. Pour répondre à la
premiere objection, qu'on me permette de demander aux perſonnes délicates qui la font,
ſi elles ſont bien aſſurées qu'elles avoient
l'ame ſenſible. Si elles répondent que oui,
je les menerai dans les Priſons; je leur y
ferai voir un Vieillard qui portera ſur ſon
viſage l'empreinte de l'honnêteté, accablé
du poids de ſes chaînes & les arroſant
de ſes larmes. Si nous lui demandons la
cauſe de ſa douleur, il nous dira : » Le Fa-
» natiſme m'a accuſé d'avoir été le bourreau

» de mon fils; des Juges, qui étoient *peres*,
» l'ont cru, & m'ont condamné; je vais pé-
» rir fur la roue. Je laiffe une époufe ver-
» tueufe, des enfants honnêtes ; malgré la
» pureté de leurs mœurs, on les accufe d'ê-
» tre mes complices : & peut-être, malgré
» la proteftation de mon innocence que j'ai
» faite dans les tortures & qui accompagne-
» ra mon dernier foupir, je ne pourrai les
» arracher à l'infamie qui les menace. « En
quittant ce Vieillard, je demande en quel
état feront nos cœurs? Nous pafferons enfuite à un jeune homme qui nous paroîtra
dévoré par les remords, & qui verfera par
intervalles les larmes rares & cruelles du
défefpoir. » Ah! nous dira-t-il en nous voyant,
» pourquoi vous approchez-vous d'un mal-
» heureux qui doit être en horreur à la Na-
» ture entiere? J'ai porté, d'une main fu-
» rieufe, le poignard dans le fein de celle
» pour qui j'aurois mille fois facrifié ma
» vie. Sur le rapport d'un ami faux, je l'ai
» crue infidele : une rage jaloufe s'eft empa-
» rée de mon cœur. Ah! fuyez un monftre,
» qui va & qui doit périr du plus honteux
» fupplice. « Voilà cependant des hommes

qui vont à la Grève, dirai-je alors ; voyez les larmes qu'ils nous font répandre ! Avez-vous vu des Héros malheureux plus intéreſſants ?

A côté de ces infortunés, ſi nous rencontrons, dans un cachot, un de ces ſcélérats qui ont embraſſé le crime par goût, qui en ont fait leur profeſſion, & qui ont pouſſé l'atrocité juſqu'à y attacher de la gloire, nous frémirons à ſa vue ; & nous concevrons que c'eſt là l'objet qu'il faut écarter de nos yeux, à moins qu'il n'ait influé ſur les égarements d'une ame diſpoſée à la vertu, parceque, ſans cela, il ne peut, dans l'horreur & l'effroi qu'il inſpire, nous donner jamais ces émotions pitoyables & douloureuſes auxquelles une ame ſenſible ſe plaît. Ces trois criminels iront cependant périr au même lieu, & peut-être du même ſupplice. Quelle différence d'intérêts des premiers au derniers! j'en laiſſe tirer la conſéquence.

Juſqu'à préſent, je n'ai parlé que du genre de la Tragédie bourgeoiſe ; j'aurai, je crois, beaucoup fait en faveur de celle que je me hazarde de préſenter au Public, ſi

J'ai prouvé combien ce genre peut être intéreſſant.

A la lecture de cette Piece, on ſentira aiſément les raiſons qui m'ont engagé à la donner à l'impreſſion, ſans tenter de la faire paroître ſur la Scène. Je ne me ſuis pas diſſimulé que la ſingularité du ſujet & la hardieſſe que j'ai eue de diviſer le Théâtre au cinquiéme Acte, pour y procéder continuellement par Scènes ſimultanées, auroient pû me faire éprouver des difficultés de la part des Comédiens, qui, peut-être avec raiſon, n'auroient pas oſé riſquer de pareilles nouveautés. Si, après avoir longtems balancé, j'oſe la faire imprimer, ſur le ſuccès de Beverley qui m'a ſemblé autoriſer le genre, c'eſt que j'ai cru que le Public ne pourroit me ſavoir mauvais gré d'un eſſai qui, tout imparfait qu'il eſt, peut faire naître à ceux qui ont plus de talents que moi, des idées avantageuſes à la perfection du Théatre.

Je ne chercherai point à me juſtifier ſur les défauts que cette Piece peut avoir; je me garderai encore bien plus d'en faire l'apologie;

l'un & l'autre feroient également indécents, & je fais trop que le moyen d'indifpofer un Juge équitable eft de trop vouloir lui faire valoir fa caufe. Je dois feulement dire que l'idée des Scènes fimultanées n'eft pas de moi, que cette maniere de procéder eft indiquée dans les Difcours qui font à la fuite du *Fils naturel* de M. Diderot, & que je pourrois en faire remarquer quelques exemples dans prefque tous nos Auteurs.

LES AMANTS

DÉSESPERÉS.

TRAGÉDIE BOURGEOISE.

NOMS DES ACTEURS.

LE COMTE D'OLINVAL.

LE BARON, *frere du Comte.*

LE CHEVALIER, *second frere du Comte.*

LA COMTESSE D'OLINVAL.

Mademoiselle DE VIRLAND, *ancienne Gouvernante, & Dame de Compagnie de la Comtesse.*

AUBIN, *Valet de Chambre du Comte.*

DOMESTIQUES *du Comte.*

FEMMES *de la Comtesse.*

La Scène se passe dans le Château du Comte d'Olinval.

LES AMANTS

DÉSESPERÉS,

OU

LA COMTESSE D'OLINVAL.

TRAGÉDIE BOURGEOISE.

ACTE PREMIER.

SCENE PREMIERE.

LA COMTESSE, Mlle. DE VIRLAND.

La Comtesse entre d'un côté du Théâtre, & Mademoiselle de Virland de l'autre.

LA COMTESSE.

Mon amie, je vous cherchois. M. le Comte d'Olinval arrive demain, couvert de gloire,

& comblé des bienfaits du Roi. Mes ennuis vont finir, & ma joie va renaître.

Mademoiselle DE VIRLAND.

Ah! Madame, combien je partage vôtre bonheur! Ce retour, qui depuis longtems est l'objet de tous mes vœux, va enfin dissiper les allarmes qui m'accablent. Votre vie ne sera plus exposée aux fureurs des méchants; mais ce jour sera pour eux celui du désespoir, & j'en frémis.

LA COMTESSE.

Mademoiselle de Virland, pourquoi cherchez-vous toujours à pénétrer ce que je voudrois me cacher à moi-même?

Mademoiselle DE VIRLAND.

Hélas! je le vois trop, j'ai perdu votre confiance. Autrefois, vous épanchiez vos chagrins dans mon cœur; aujourd'hui, vous me cachez jusqu'à la moindre de vos inquiétudes.

LA COMTESSE.

Si j'ai des peines, faut-il que je vous en afflige?

Mademoiselle DE VIRLAND.

Tout me paroit sombre & triste dans cette maison, tout le monde m'évite : je ne vois

sur

fur moi que des regards inquiets : depuis
longtems vos deux Beaux-freres..........

*La Comteffe baiffe les yeux, & foupire : Ma-
demoifelle de Virland continue.*

Vous ne leur avez pas donné occafion d'a-
voir de mauvais procédés pour vous?

LA COMTESSE.

Je les ai aimés comme mes freres.

Mademoifelle DE VIRLAND.

Ah que vous êtes cruelle ! Vous évitez de
me répondre; mais je ne puis plus garder le
filence, j'en deviendrois fans doute crimi-
nelle. Le Baron & le Chevalier confpirent
contre vous. Le Baron a l'air inquiet & fom-
bre; le Chevalier a des accès de mélancolie
& de fureur qu'il pouffe même jufqu'à mal-
traiter les domeftiques quand ils lui parlent
de vous. Quelque foit le myftere, ils vous
haïffent. Je tremble, le Baron eft un traitre.

LA COMTESSE.

Mon amie, vous favez que je ne veux
point que l'on en parle mal.

Mademoifelle DE VIRLAND.

Madame, vous vous efforcez à vous taire;
mais mon cœur ne réfifte plus au poids qui
l'accable. Me forcerez-vous donc de vous

B

voir, dans votre infortune, me reprocher les foins que j'ai pris de votre enfance. Quand je vous tenois dans mes bras, je ferois morte de douleur, fi l'on m'avoit alors prédit que vous feriez malheureufe..... Mais vous voyez ma peine.

LA COMTESSE.

Mon amie!

Mademoifelle DE VIRLAND.

Madame! je ne puis plus diffimuler. Qui ne feroit, à ma place, pénétré de frayeur! le fecret du Baron m'eft connu.

LA COMTESSE.

Son fecret!

Mademoifelle DE VIRLAND.

Oui, Madame. Il y a quelques jours qu'é-tant forti de fa chambre, il en avoit laiffé la porte ouverte : par hazard, j'y entre, & je vois fur fa table une lettre, dans laquelle votre nom vient à l'inftant me frapper. Dé-ja dévorée de foupçons & d'inquiétudes, je crus que votre repos étoit intéreffé à ce que je connuffes le contenn de cette lettre : par-donnez à mon indifcrétion, qui ne doit vous paroître que l'effet de mon zele.

LA COMTESSE.

Je n'ai point reçu de lettres du Baron.

Mademoiselle DE VIRLAND.

Je le fais, Madame. Après avoir lu dans cette lettre tous les détails de l'amour criminel qu'il avoit conçu pour vous, les marques du désespoir auquel vous le forciez de s'abandonner, & les menaces terribles qu'il vous faisoit, si vous résistiez encore à ses indignes desirs; je sortis, en frémissant, de son appartement, où, pour votre intérêt, je devois craindre qu'il ne me surprît. Mais, trop affectée par ce que je venois de voir, je cherchai à en pénétrer les suites. Je repassai quelques moments après devant la porte du Baron. Dans l'agitation violente où il se trouvoit, il avoit oublié de la fermer. Tout hors de lui, trop tourmenté pour ne pas être hors de son caractere dissimulé, il s'exhaloit en imprécations, en déchirant avec fureur cette Lettre que j'avois lue.

LA COMTESSE.

Mon amie, soyez discrete; mon repos & le bonheur de mon époux y sont intéressés.

Mademoiselle DE VIRLAND.

Pourquoi me cachiez-vous vos peines?.....

B ij

Et le Chevalier m'inquiete encore.

LA COMTESSE.

Mon amie, il eſt des ſecrets cruels qui
doivent être enſevelis dans le fond de nôtre
cœur.

*En diſant ces mots, des larmes lui échappent,
& elle ſort.*

SCENE II.

Mademoiſelle DE VIRLAND *ſeule.*

ELLE m'appelle ſon amie, & elle a des ſecrets pour moi!.... Combien cette réſerve ac-
croît encore mes doutes! Hélas!.... à quelles
extrémités doivent ſe porter deux Furieux,
chez qui une paſſion déſordonnée a éteint
tout principe d'honnêteté; pour qui l'aſpect
de la vertu eſt un reproche foudroyant; qui,
enfin, pour couvrir la honte de leurs crimes,
peuvent s'abandonner à toutes les reſſources
du déſeſpoir.... . O Ciel! détourne ces préſa-
ges affreux!.... Mais j'entends quelqu'un, c'eſt
le Chevalier : ſon air égaré porte l'effroi dans
mon ame.

SCENE. III.

Madelle DE VIRLAND, *le* CHEVALIER
D'OLINVAL.

LE CHEVALIER, *d'un air troublé.*

MADEMOISELLE de Virland.... eh bien?....
Le Comte..... quoi? que dit-on?..... Ses gens
difent qu'il arrive.

Mademoifelle DE VIRLAND.

Monfieur, M. votre frere arrive demain,
peut-être ce foir.

LE CHEVALIER.

Et la Comteffe, que dit-elle!

Mademoifelle DE VIRLAND.

Elle eft au comble de la joie. Elle va re-
voir, après une longue abfence, un époux
dont la tendreffe eft égale à la fienne.

LE CHEVALIER.

Elle eft donc dans le raviffement?......En
vous parlant de l'arrivée de mon frere, ne
paroiffoit-elle pas agitée par quelqu'autre
fentiment?.... Par hazard, a-t-elle prononcé
mon nom? Ses yeux.... Eh bien! qu'a-t-elle dit
enfin? B iij

Mademoiselle DE VIRLAND.

Monfieur le Chevalier....

LE CHEVALIER.

Non, il vaut mieux que je l'ignore.... Mademoifelle, laiffez-moi feul, je vous prie.

Mademoiselle DE VIRLAND.

Hélas! tout confirme mes foupçons.

SCENE IV.

LE CHEVALIER, *feul.*

ELLE m'obfervoit; je me fuis peut-être échappé : qu'ai-je dit? Je ne fuis plus à moi : j'ai perdu la raifon avec le repos de l'ame.... Mon frere arrive demain. Aujourd'hui, je fuis encore à fes yeux un homme d'honneur ; bientôt je ne ferai plus qu'un infâme.... Que réfoudre ? Mon état eft affreux !

SCENE V.

LE CHEVALIER, LE BARON.

LE CHEVALIER.

MON frere, le Comte d'Olinval arrive demain.

LE BARON,
avec un mouvement de fuprife qu'il s'efforce enfuite de retenir.

Il arrive demain?

LE CHEVALIER.

Eh oui.... je vous le dis; pourquoi me forcez-vous à vous le répéter?

LE BARON.

Cette nouvelle vous émeut.

LE CHEVALIER.

J'ai de très fortes raifons pour n'être pas tranquille.

LE BARON.

Je le fais.

LE CHEVALIER.

Quoi?....... que croyez-vous? qu'avez-vous vû?

LE BARON.

Vous m'avez tout caché; mais j'ai lû dans votre cœur.

LE CHEVALIER.

Et qu'y voyez-vous dans mon cœur?

LE BARON.

Que vous êtes le plus malheureux des hommes. Vous êtes fur le bord de l'abîme..... Mon frere, je vous tends les bras pour vous fecourir.

LE CHEVALIER.

O Ciel!...... Oui, mon frere, je me jette dans vos bras; mais connoiffez-vous tout mon défefpoir? Je fuis amoureux, jaloux & dédaigné; &, dans l'inftant même où je fens la noirceur de mon crime, je chéris ma paffion funefte, & je me plais dans un délire affreux; je me plais à étouffer dans mon fein la voix de l'honneur...... La Vertu! je l'abhore. Son afpect ne m'infpire que des deffeins de vengeance qui vous feroient frémir.

LE BARON.

Quels font vos deffeins?

LE CHEVALIER.

Ah! mon frere, je fuis un monftre!... Hélas!

Le Baron.

Que vous êtes à plaindre!

Le Chevalier.

Depuis combien de tems ne fuis-je pas la
victime de cette paffion cruelle que j'ai dévorée dans le filence! Avant que ces nœuds
qui font aujourd'hui tout mon crime, euffent
été formés, je brûlois pour la Comteffe d'une
flamme trop violente pour que je puffe jamais
me flatter de l'éteindre. L'injuftice de ces
loix barbares, qui font une diftinction entre les enfants d'un même pere, ne m'ayant
pas permis de mettre aux pieds de celle que
j'adorois une fortune digne de fa naiffance,
de fes appas, je dirai plus, de mon amour;
il me fallut voir le Comte, avec ces mêmes
biens qui devoient être mon partage, m'arracher à l'efpoir de la poffèder; il me fallut
être le témoin du bonheur du Comte, &
connoître par moi-même combien on lui
prodiguoit des fentiments tendres que j'aurois fans doute beaucoup mieux mérités. Il
me fallut le fuivre dans cette Ville, qu'il
fembloit n'avoir preferée pour fon féjour à
toutes fes autres terres, que parceque le
défaut de fociété que j'y trouverois m'obli-

geroit à me concentrer dans le Château, où
tout devoit accroître mes tourments jaloux.

LE BARON.

Que de force, que de courage il vous a
fallu pour dompter cette passion violente,
ou du moins pour l'empêcher de produire
des éclats funestes!

LE CHEVALIER.

Je sentis aussi que je ne pourrois longtems
supporter devant mes yeux l'appareil du
bonheur de mon rival. Souvent, après m'ê-
tre rappellé ce que je devois à cette femme,
dont la douceur & la vertu m'avoient encore plus charmé que la beauté; après m'ê-
tre représenté la sainteté des droits que mon
frere venoit d'acquerir sur elle; après avoir
rougi & frémis de mes vues criminelles,
tout à coup mon amour se rallumant avec
furie, je sentois la voix du sang étouffée dans
mon cœur, & j'étois prêt à rompre tous les
freins de l'honnêteté. Il me resta cependant
alors assez de prudence pour m'éloigner;
vous le savez. Je prétextai le desir de connoître les merveilles de l'Europe, & je passai
trois ans à voyager. Je crus, dans la multi-

tude des objets qui me frapperoient, pouvoir faire diverfion à celui qui me perfécutoit. Mais que je connoiſſois peu la force de ma paſſion! la privation cruelle que je m'étois impoſée, ne fit qu'irriter ma flamme. Entraîné par le démon puiſſant qui me dominoit, je me retrouvai malgré moi dans ces lieux où je ne devois attendre que des ſujets de déſeſpoir. Le Comte en étoit abſent, & vous veniez de vous en éloigner. Je me trouvai donc ſans ceſſe ſeul vis-à-vis de cette femme qui m'avoit ſi cruellement embrâſé. Sans défiance, elle ſe livra à tous les tranſports de l'amitié qu'elle croyoit devoir au frere de ſon époux. Aveuglé par l'excès de mon amour, je crus voir, dans ces marques d'un attachement innocent, celles d'une paſſion que je ſouhaitois avec ardeur. Je m'abandonnai à cette idée flatteuſe qui augmenta mon délire. Enfin, il faut vous l'avouer, puiſque vous avez pénétré l'horreur de mon état; enflammé par un fol eſpoir, égaré par le trouble de mes ſens.... j'oſai porter l'audace... Mes attentats ſont horribles....... Vous frémiſſez!

Le Baron.

La contrainte qui régnoit entre la Comtesse & vous, m'avoit fait connoître ce que vous venez de me confirmer.

Le Chevalier.

Mon frere, pardonnez, si j'ai differé, par l'aveu de mes tourments, de vous marquer la confiance que je vous devois; mais il faut vous ouvrir le cœur d'un homme que les dédains ont rendu furieux. J'aurois desiré que mon confident eût été capable d'étouffer mes remords, & de m'exciter à la vengeance.

Le Baron.

A part. Il se livre à moi, profitons de sa fureur..... *Haut.* Mon frere, vous me faites trembler! quel fort vous est préparé!

Le Chevalier.

Vous m'ouvrez les yeux. Que l'arrivée du Comte est à craindre pour moi!

Le Baron.

La Comtesse découvrira tout.

Le Chevalier, *avec saisissement.*

Elle découvrira tout!

Le Baron.

Pensez-vous qu'une femme néglige de se

faire un mérite auprès de son époux, des sa-
crifices qu'elle lui a faits; & qu'elle ne lui
montre pas avec oftentation sa vertu persé-
cutée & triomphante? Pensez-vous qu'elle
endure chez elle un homme qu'elle doit haïr;
& qu'elle ne vous prépare pas tous les tourments que vous lui avez fait souffrir? Mon
frere, vous êtes perdu dès que le Comte d'O-
linval arrivera.

LE CHEVALIER.
Je suis perdu!.....

LE BARON.
Vous connoissez mon amitié; je suis prêt
à me sacrifier pour vous sauver. Parlez, que
puis-je faire?

LE CHEVALIER.
Quelle horreur!

LE BARON.
Ouvrez-moi votre cœur.

LE CHEVALIER.
Est-ce ainsi que l'on aime? Je suis un scélérat! un traître! un furieux!

LE BARON.
Hélas!

LE CHEVALIER.
Le crime & l'horreur m'environnent.

LE BARON.

Mais il faut vous réfoudre, & quel parti?

LE CHEVALIER.

Je ne fais.... la fuir.... elle en triomphera.

LE BARON.

La fuir.... quelle vengeance!

LE CHEVALIER.

O Ciel!

LE BARON.

Quel afcendant n'avez-vous pas fur mon efprit! quel pouvoir fur mon cœur..... Vous êtes dédaigné.

Le Chevalier foupire, il a l'air abbattu comme un homme que le remors déchire.

Mon frere, vous foupirez ......: Je fuis votre ami.

LE CHEVALIER.

Mon frere, je fuis au défefpoir.

LE BARON.

Vous en ferez la victime.

LE CHEVALIER.

Quand la raifon peut encore trouver accès dans mon ame, la Comteffe me paroît fi refpectable.

LE BARON.

Vous alliez m'infpirer vos fureurs; vous

avez eu l'art de me féduire, vous m'entraî-
niez avec vous : que je fuis heureux que
vous ayez eu un inftant de remors!

LE CHEVALIER.

Je m'abhorre.

LE BARON.

La Comteffe a le cœur bon & fenfible. Je
veux lui parler, je lui peindrai avec tant de
force votre état malheureux & votre défefpoir, que j'efpere de la fléchir.

LE CHEVALIER, *avec inquiétude.*

Vous voulez lui parler.... feul.

LE BARON.

Mon frere, fi vous aviez part à cet entre-
tien, un gefte, un regard de la Comteffe
pourroient allumer votre fureur, & vous
achevriez de vous perdre.

LE CHEVALIER.

Hélas!

LE BARON.

Il prend les mains du Chevalier, il les fer-
re; il le prend dans fes bras. Il a le vifage
compofé & toutes les manieres d'un homme
qui veut féduire.

Chevalier, confiez-vous à moi......... mon
frere.

Le Chevalier.

Dans l'horreur & le trouble où je suis, je m'abandonne à vos conseils.

Le Baron.

Eh bien, laissez-moi seul. J'attens ici la Comtesse.

Le Chevalier.

Vous la verrez? vous lui parlerez!

Le Baron.

Je réussirai.

Le Chevalier.

Que je suis malheureux! Vous allez lui parler, & je ne la verrai point.... Ne puis-je pas y être?.... Je veux y être; mes larmes peindront mieux mon état malheureux que tous vos discours.

Le Baron.

Mais si un mot dédaigneux, un regard de hauteur.

Le Chevalier.

Ah! tout à mon désespoir!...... Je suis un malheureux, un égaré.

Le Baron.

Laissez-moi, allez.

Le Chevalier.

Si vous me trompiez!

Le

LE BARON.

Ingrat!

LE CHEVALIER.

Quel fort affreux!

SCENE VI.

LE BARON, *seul.*

JE me doutois bien de fon amour; mais je
n'en connoiffois pas toute la violence. C'eft
un fúrieux qui fervira d'inftrument à ma vengeance; c'eft une imagination foible & trou-
blée, que je puis ébranler à mon gré ; c'eft
un homme aveuglé, qui portera fes pas dans
tous les abîmes où je le conduirai. Oui, je
parlerai à la Comteffe, mais ce fera pour te
rendre dangereux & odieux, pour t'écarter
d'elle, pour empêcher enfin qu'une explica-
tion ne puiffe calmer tes craintes & nuire à
mes projets. Et toi, femme cruelle, femme
vaine d'une vertu frivole! en me laiffant en-
durer pour toi les tourments d'un amour
défefpéré, en me forçant à effuyer tes dédains, tes mépris, tes inhumaines réflexions,

C

tu m'as appris à être barbare; tu as contraint mon cœur à saisir avec transport une passion terrible pour détruire celle que tu m'avois inspirée. Je te hais donc! mais ma haine est allumée des feux de mon amour. Tu m'as forcé à ne plus voir de bonheur pour moi, que dans l'horreur de ta perte; tu m'as forcé à sacrifier à tous les vices : la dissimulation, la fourbe, le parjure, sont devenus mes Dieux. Ah! dans les transports de ma vengeance, malheur à celui qui n'est criminel qu'à demi! bourrellé, déchiré par ses remors, il devient son propre accusateur & la victime de ses ennemis. Mais une fureur réfléchie me guide; & ce jour qui, par l'arrivée du Comte, auroit dû être celui du bonheur de la Comtesse & de mon désespoir, sera celui de mon triomphe.

Fin du premier Acte.

ACTE II.

SCENE PREMIERE.

LE BARON *seul.*

Quoi! ne pourrai-je trouver le moment de parler seul à la Comtesse! Verrai-je toujours des importuns acharnés après moi? cette Virland est partout sur mes pas.

SCENE II.

LE BARON, *Mademoiselle* DE VIRLAND.

LE BARON.

Eh bien, Mademoiselle, vous êtes bien satisfaite du retour du Comte?

Mademoiselle DE VIRLAND.

Je souhaite, Monsieur, que tout le monde le soit autant que moi.

LE BARON.

Eh! qui pourroit ne pas prendre part à une nouvelle auſſi flatteuſe?.... Vous ſemblez interdite. Quoi la Comteſſe ſeroit-elle.......

Mademoiſelle DE VIRLAND.

La Comteſſe.... ô Ciel!

LE BARON.

Que ſignifie donc cette exclamation? Expliquez-vous.

Mademoiſelle DE VIRLAND.

Ignorez-vous, Monſieur, combien la Comteſſe adore ſon époux.

LE BARON.

A part. Je ne le ſais que trop.... ce trait redouble ma rage.... mais contenons-nous, pour aſſurer ma vengeance.

Mademoiſelle DE VIRLAND.

A part Quel trouble vient de l'agiter! que d'allarmes j'aurai juſqu'au moment où le Comte arrivera!

LE BARON.

La Comteſſe eſt-elle chez elle?

Mademoiſelle DE VIRLAND.

Avec le ton de la crainte.

Non, Monſieur.

LE BARON.

Mais vous êtes bien assurée qu'elle n'est pas dans son appartement?

Mademoiselle DE VIRLAND.

J'en suis très sure. *A part.* Epargnons encore à mon amie l'embarras & les dangers de cette entrevue.

LE BARON.

Savez-vous quand elle sera visible?

Mademoiselle DE VIRLAND.

Avec effroi.

Monsieur......

LE BARON.

Qu'avez-vous? vous me proissez inquiete!

Mademoiselle DE VIRLAND.

Je ne crois pas, Monsieur, que vous puissiez voir Madame d'aujourd'hui.

LE BARON.

Mais on ouvre la porte de son appartement; c'est elle-même : le hazard me sert mieux que vous, Mademoiselle.

SCENE III.

LA COMTESSE, *Acteurs précédents.*

LE BARON.

ME fuyez-vous donc, Madame? ou est-on assez ennemi de mon bonheur, pour s'opposer à celui que j'ai de vous voir? Quelques fujets de plainte que vous ayez contre moi?......

LA COMTESSE.

Monsieur le Baron, vous êtes mon frere, & j'ai tout oublié.

LE BARON.

A part. Son frere.... *Haut.* Comme votre frere, Madame, je viens vous donner un avis important.

Mademoiselle DE VIRLAND.

Je friffonne.

LA COMTESSE.

Eh bien!

LE BARON.

Sachez donc que le Chevalier.....

En regardant Mademoiselle de Virland avec une inquiétude fimulée,

Mais je ne puis vous faire part.....

LA COMTESSE.

Qu'eſt-il donc arrivé au Chevalier? vous m'effrayez.... Je n'ai jamais oublié combien les freres de mon époux devoient m'être chers.

Mademoiſelle DE VIRLAND.

A part.

Grand Dieu! daigne veiller ſur elle.

LE BARON.

Le Chevalier.... Mais, Madame, ne puis-je vous parler ſans témoins.

LA COMTESSE.

Vous redoublez mes inquiétudes : paſſons donc dans mon appartement.

Mademoiſelle DE VIRLAND,

En arrêtant la Comteſſe avec effroi.

Ah! madame....

LA COMTESSE.

Eh bien, mon amie, vous pâliſſez!

Mademoiſelle DE VIRLAND.

Mes genoux fléchiſſent ſous moi.

Mademoiſelle de Virland tombe preſque éva-nouie dans les bras de la Comteſſe.

LA COMTESSE.

Ah! pardonnez, mon frere : l'état où je

vois mon amie ne me permet pas de l'a-
bandonner....

Elle tire le cordon de la fonnette.

Hélas! que de foins je lui dois pour lui rendre ceux que j'ai reçus d'elle.

LE BARON,

Que je vous dife donc.... feulement,...qu'il
eft de votre intérêt d'éviter la rencontre du
Chevalier jufqu'à l'arrivée du Comte.

LA COMTESSE,

Qu'ai-je à craindre?

LE BARON,

Beaucoup.

Mademoifelle DE VIRLAND,

Ah, Dieux!

*Mademoifelle de Virland, en entrant dans
l'appartement de la Comteffe, tourne plu-
fieurs fois la tête avec des marques d'effroi.*

SCENE IV,

LE BARON *feul.*

CET accident me fervira fans doute auffi
bien que les craintes que j'aurois pu infpirer

à la Comtesse pour le Chevalier. Les soins qu'elle va donner à sa chere Virland empêcheront qu'elle soit visible ; & je puis achever d'égarer l'ame du Chevalier, sans risquer qu'il puisse être désabusé par elle. Mais le voici.

SCENE V.

LE BARON, LE CHEVALIER.

LE CHEVALIER.

LA Comtesse vient de sonner, ses gens sont accourus ! que lui est-il arrivé ? Je ne puis vous dissimuler mes inquiétudes : un intérêt cruel m'attache encore à elle. Savez-vous ce que c'est ? informons-nous....

LE BARON.

Quel tendre empressement vous porte vers elle : Allez recevoir ses mépris.

LE CHEVALIER.

Vous me glacez d'effroi.

LE BARON.

Je vais vous rendre compte de ce qui s'est

paſſé; & vous irez enſuite, ſi vous le voulez, partager ſes chagrins.

LE CHEVALIER.

Vous me mettez dans une inquiétude mortelle.

LE BARON,

Je viens de rencontrer la Comteſſe dans
ce Sallon.

LE CHEVALIER,

Eh bien?

LE BARON,

Je lui ai parlé de vous.

LE CHEVALIER,

De moi?

LE BARON.

Je lui ai parlé de vous, je lui ai repréſenté
l'horreur de votre ſituation. Après lui avoir
dépeint le pouvoir terrible des paſſions ſur
nos ames, je lui ai parlé du déſeſpoir que
vous aviez de vous ſentir brûler malgré vous
d'un feu criminel; je me ſuis ſervi, dans le
tableau que j'ai fait de vos peines, des traits
& des couleurs les plus propres à exciter la
pitié. Je parlois pour vous, mon frere, l'a-
mitié m'inſpiroit; & je ſentois que ce ſentiment tendre donnoit à mes diſcours une cha-

leur & un intérêt faits pour produire des émotions favorables. Hélas! abusé par ce sentiment dont mon ame étoit pénétrée, j'ai osé juger de son cœur par le mien; j'ai cru même, dans l'illusion que je me faisois, j'ai cru avoir vu donner à cette femme barbare des marques de sensibilité. J'ai cherché alors à lui présenter les principes de votre passion sous un aspect favorable. Tout à coup, j'ai vu son visage se changer, ses yeux se sont allumés......

LE CHEVALIER.

O Ciel! mon frere, qu'allez-vous m'apprendre?

LE BARON.

Elle a appellé vos soins empressés, des outrages; elle a parlé de vous avec horreur.

LE CHEVALIER.

Que je suis malheureux! que devenir? Ah, mon frere!

LE BARON.

Oui, vous êtes bien malheureux; que je vous plains, vous êtes perdu.

LE CHEVALIER *accablé.*

Je le suis.

Le Baron.

Je fais qu'une ame qui fe croit outragée, s'irrite d'abord contre les moyens que l'on emploie pour la fléchir ; c'eft le rocher qui réfifte au premier coup qu'on lui porte, mais qui fe brife fous des efforts multipliés. J'ai donc cru devoir ne pas me rebuter, & faire de nouvelles tentatives. J'ai mis en jeu toutes les reffources du fentiment ; je me fuis mis à fes genoux ; mes larmes ont baigné fes mains. Je lui ai dépeint l'état malheureux où elle vous alloit réduire, la haine d'un frere puiffant, & l'horreur de la fociété, qu'elle attiroit fur vous : toutes mes foumiffions n'ont fervi qu'à accroître fa fierté ; elle a voulu m'en impofer, me défendre de prononcer votre nom.....

Le Chevalier.

Elle a eu.....

Le Baron.

Elle a eu la dureté de me dire.... Ah, mon frere! Je ne puis vous le répéter.

Le Chevalier.

Non, parlez. Mettez encore un ferpent de plus dans mon fein. Je fens maintenant que je n'ai plus de reſſources, & j'ai beſoin de l'excès du déſeſpoir.

LE BARON.

Ayez pitié de ſon ſort, lui diſois-je : que voulez-vous qu'il devienne ? Il eſt, m'a-t-elle répondu, des aſyles où les criminels peuvent aller dévorer leurs remors. Là, par une pénitence auſtere, ils peuvent faire oublier aux hommes le ſcandale de leurs paſſions déſordonnées, & détourner de leur tête les vengeances céleſtes. C'eſt dans un cloître, en un mot, qu'il doit aller cacher l'opprobre dont ſes attentats l'ont couvert.

LE CHEVALIER.

Ame farouche ! la pitié ne peut donc plus avoir d'accès ſur toi ? Hélas ! le meurtrier même trouve grace par ſes remors & ſes larmes, aux pieds de celui qu'il vient d'aſſaſſiner, & moi..... Mais, non : ſa vengeance eſt juſte. Doit-elle pardonner un crime que chaque inſtant renouvelle ? Dans le moment où elle oublieroit les tranſports furieux de mon amour, j'en ſentirois de plus terribles s'emparer de mon cœur ; & je ne pourrois me voir à ſes genoux que pour lui marquer le déſeſpoir que j'ai de ne la pas poſſéder.

Le Baron.

Que l'égarement où je vous vois m'afflige! Jugez-vous de fang froid, & ne vous faites pas une image auffi effrayante de votre état. Qu'a donc de fi criminel votre paffion? c'eft une foibleffe. Mais examinez de plus près l'auftérité affectée de la Comteffe; ce n'eft qu'hypocrifie. La véritable vertu, mon frere, eft indulgente. Croyez qu'une femme qui fait parade de fa févérité, ne cherche qu'à fe rendre impunément coupable.

Le Chevalier.

Ah, mon frere! arrêtez. Pourquoi outragez-vous celle que j'aime? Croyez que fa vertu eft au moins égale à fa beauté. Son cœur eft pur fans doute; mais livré à l'amour fatal que le devoir lui a prefcrit, hélas! ......
Ah, mon frere! ne me parlez point de ce qui peut me retracer les perfections de cette femme barbare : parlez-moi de fes cruautés; redites-moi avec quelle févérité elle m'a jugé indigne de la fociété, elle m'a condamné au fupplice continuel & dévorant des hommes déshonorés; que la dureté de fon ame efface la douceur de fes traits; ne me montrez en elle qu'une ennemie implacable, une furie

-vengereſſe, acharnée à déchirer mon cœur ; par pitié, faites entrer, dans mon ame, toutes les horreurs de la haine, afin d'étouffer les cris de l'amour violent qui m'accable.

LE BARON.

Hélas! que puis-je faire pour vous? La vue de votre état m'ôte le pouvoir de vous donner des conſeils.

LE CHEVALIER *avec le ton du déſeſpoir.*

Et vous m'abandonniez, mon frere!

LE BARON.

Hélas! quel cœur dur & barbare!

LE CHEVALIER.

Vous parlez du ſien..... la cruelle!

LE BARON.

N'avoir répondu à mes inſtances redou-blées que par les marques de l'indignation!

LE CHEVALIER.

O, mon frere! Retournez encore le poi-gnard dans mon cœur ; donnez-moi le coup de la mort.... Achevez.... j'en frémis.... ache-vez.... Comment s'eſt terminé votre entre-tien?

LE BARON.

Je vous épargne les dénominations odieuſes avec leſquelles elle vous traitoit, les marques de reffentiments dont elle animoit fes difcours. Sachez donc que mes prieres augmentoient fon courroux. Quand elle a vu que je devenois enfin trop preffant, elle a voulu me fuir, je l'ai arrêtée ; j'ai prononcé votre nom, elle m'a lancé un regard terrible. Elle a fonné, appellé fes gens en jurant vôtre perte.

LE CHEVALIER.

Ô Dieux !

LE BARON.

J'ai été effrayé de fon air menaçant.

LE CHEVALIER.

Que devenir ?

LE BARON.

Il ne vous refte plus qu'un parti à prendre ; mais il eft terrible.

LE CHEVALIER.

Ah ! je l'embraffe avec tranfport.

LE BARON.

Que vais-je faire pour vous ? Mais je frémis d'indignation. Je fens la fureur s'allumer dans mon ame : Venez, je fuis prêt à fervir votre vengeance.

Fin du fecond Acte.

ACTE

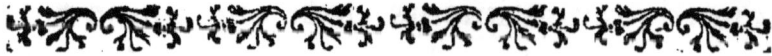

ACTE III.

SCENE PREMIERE.

Mademoiselle DE VIRLAND *seule.*

Elle paroît saisie d'épouvante.

O Ciel ! dans les horreurs dont je suis environnée, conservez - moi l'usage de mes sens ! que j'aie au moins la force de sauver les jours de mon amie..... Mais l'orage gronde sur sa tête : je n'ai point de tems à perdre. Assurons - nous de l'issue secrette qui communique à cet escalier dérobé...... J'entens quelqu'un : au moindre bruit je suis saisie d'effroi..... C'est la Comtesse.

S C E N E   I I.

Mᴵˡᵉ. DE VIRLAND, LA COMTESSE.

Mademoiselle DE VIRLAND.

Aʜ Madame! ah Dieux!....... Je reviens dans le moment. La porte du Sallon eſt fermée : par grace, au nom de l'amitié que vous avez pour moi, ne l'ouvrez à perſonne; je ſerai bientôt à vous.

S C E N E.   I I I.

LA COMTESSE *ſeule.*

Qᴜᴇ d'allarmes je cauſe à cette amie tendre! Hélas! qu'il m'eſt cruel d'être obligée de lui cacher les peines qui me dévorent! que cette néceſſité rend ma ſituation douloureuſe ; toute conſolation m'eſt interdite! je n'en aurai qu'en revoyant mon époux. Cher Epoux! mon cœur, déchiré depuis deux ans par tous les malheurs qui peuvent affliger une ame honnête, pourra-t-il être sensible aux impressions de la joie. Le bonheur est anéanti pour moi.

SCENE IV.

LA COMTESSE, *Mademoiselle* DE VIRLAND.

Mademoiselle DE VIRLAND.
En rentrant par l'escalier dérobé.

JE respire..... Madame, vos jours pourront être en sureté.

LA COMTESSE.

Pourquoi donc, ma chere, ces vives allarmes?

Mademoiselle DE VIRLAND.

Ah Madame! c'est en vain que vous cherchez à résister à mes larmes, à mes prieres. Je vous conjure de quitter votre maison; je ne puis vous y voir sans frémir. Je vous en conjure par la gloire de votre époux que vous adorez; vous ne savez pas ce qui vous

menace. Je tremble de vous révéler ce que je viens d'entendre. Hélas! la parole expire de crainte & de douleur fur mes levres.......
Vous m'avez caché votre état & les horreurs où vous avez été expofée..... Vous m'appellez votre amie, & vous ne m'écoutez pas....
Quittez votre maifon, Madame! que votre fituation m'épouvante!........ Ces moments peut-être.....

LA COMTESSE.

Elle jette un regard d'amitié fur Mademoiselle de Virland, avec un de ces fouris nobles qui précedent un épanchement de cœur.

Ma fituation eft affreufe!.... mes maux finiront bientôt.

Mademoifelle DE VIRLAND.

Vous me voyez faifie d'épouvante; & vous héfitez.

LA COMTESSE.

Je fais que j'ai beaucoup à craindre.

Mademoifelle DE VIRLAND.

Dérobez-vous donc à tant de périls........
Dès ce moment, quittez cette maifon fatale : celle de Madame de Villeman vous eft un afyle aufli décent qu'afluré.

LA COMTESSE.

Hélas!

Mademoiselle DE VIRLAND.

Je ne vois ici que des yeux égarés, des airs fourbes ou furieux. Je n'y fais pas un pas sans effroi.

LA COMTESSE.

Non, je ne puis quitter ma maison sans occasionner un scandale affreux. Que dira-t-on de me voir séparée de mes freres? Les soupçons ne sont jamais à l'avantage de notre sexe. Irai-je découvrir.... Non je dois souffrir & tout ensevelir en moi-même.... Vous, mon amie, vous êtes discrette.... Votre amitié sera ma consolation.

Mademoiselle DE VIRLAND.

Ecoutez donc sa voix. Fuyez : vous me dispenserez de vous dire des choses qui me font frémir, que j'ai entendues.

LA COMTESSE.

Jusqu'où pousse-t-on la perfidie?

Mademoiselle DE VIRLAND.

L'on veut vous assassiner.

LA COMTESSE.

On veut ma mort. Hélas! quel est mon crime?

*La Comteſſe a le coude appuyé ſur une table,
ſa tête repoſe ſur ſa main ; elle a là fermeté de l'ame la plus vertueuſe. Mademoiſelle de Virland a les yeux attachés
ſur la Comteſſe, la conſternation eſt dans
tous ſes traits ; elle eſt debout & immobile.*

Mademoiſelle DE VIRLAND.

Que votre irréſolution m'effraie!

LA COMTESSE.

Avec dignité.

Ma réſolution eſt priſe depuis longtems:
la gloire & le repos de mon époux exigent
que je n'abandonne point ſa maiſon.

*Mademoiſelle de Virland a toujours les yeux
baignés de larmes, & reſte immobile. La
Comteſſe continue :*

Mais, ma chere mademoiſelle de Virland,
pourrai-je croire que les freres de mon é-
poux?...... Votre zele vous fait frémir où il
n'y a rien à craindre ; le moindre geſte vous
fait voir des poignards levés ; & le moindre
regard ſombre ſemble vous annoncer ma
mort. Ces impreſſions effrayantes que vous
reſſentez ſont la marque d'une ame ſenſible
& d'une amitié véritable.

Mademoiselle DE VIRLAND.

Non, Madame, ce n'est point un prestige : voici les horreurs que j'ai vues, & que votre inflexibilité me force à vous dévoiler. J'étois dans une allée sombre du jardin, déplorant en moi-même vos malheurs, quand j'ai entendu le Baron & le Chevalier dans l'allée voisine qui se croyant seuls parloient encore à voix basse. L'air sombre & fourbe du Baron n'annonçoit rien que de sinistre ; la physionomie du Chevalier étoit, tantôt animée, tantôt couverte d'une pâleur mortelle. Je me suis approchée d'eux à l'aide d'une charmille épaisse qui me cachoit à leurs yeux ; & j'ai entendu le Baron qui disoit, d'une voix ferme, il faut l'empoisonner ou l'assassiner ce soir ; nous ne pouvons plus différer. Mon sang, à ces mots, s'est glacé dans mes veines. Je me suis éloignée d'eux, sans qu'ils m'aient vue, pour venir vous avertir du péril affreux qui vous menace.

LA COMTESSE.

Ah Dieux !

Mademoiselle DE VIRLAND.

Quand je suis arrivée au bas de votre escalier, mes forces m'ont abandonnée ; j'ai

appellé vos gens, pour en avoir quelques
secours, mais en vain. Toutes mes idées sont
sinistres, s'ils avoient écarté tout le monde!

LA COMTESSE.

Ce que vous me dites est bien horrible!
Ils veulent ma mort? ..... Je veux leur parler:
la raison & les loix de l'honneur conservent
toujours un certain empire sur les ames bien
nées : le mauvais exemple & les passions
trop cruelles les jettent souvent dans l'abîme dont le moindre effort pourroit les retirer. Allez, je veux leur parler ; faites-les
venir.

Mademoiselle DE VIRLAND
*Pénétrée de crainte de la fermeté de la Com-
tesse.*

Mais, Madame! Ah! je frissonne.

LA COMTESSE.

Ne craignez rien. Donnez moi cette preuve de votre amitié.

Mademoiselle DE VIRLAND.

Voulez-vous vous livrer à deux Furieux?

LA COMTESSE.

Je veux prévenir leur désespoir. Allez, ne
differez pas.

Mademoiselle DE VIRLAND.

Madame......

LA COMTESSE.

Je vais donc les trouver moi-même.

Mademoiselle DE VIRLAND.

J'obéis, vous m'y forcez ; mais, dans le cas d'un événement funeste, cet escalier dérobé vous conduira à une issue..... Ah Madame! profitez-en plutôt.

LA COMTESSE.

Non, mon amie, allez, de grace.

Mademoiselle DE VIRLAND.

Mais souvenez-vous que vous pouvez vous souftraire à leur fureur....... O Ciel! j'ai des preffentiments affreux.

SCENE V.

LA COMTESSE *feule.*

CE font les freres de mon époux, de cet homme qui s'eft élevé, par fa vertu, aux premieres dignités, de cet homme aimable dont la douceur m'enchante; c'eft le même fang qui coule dans leurs veines! Ah que les pallions font cruelles, puifqu'elles peuvent changer un naturel fi beau! La nouvelle de l'arrivée du Comte les a fans doute allarmés, & l'excès de leur crainte a produit le défefpoir. Hélas! la honte extrême que nous reffentons d'une faute, eft trop fouvent la caufe d'un grand crime!...... Ils veulent ma mort...... ce font des projets enfantés dans des moments de tranfports; mais le remors qui les déchire a déjà détruit leur délire furieux; dans le même moment où ces malheureux égarés cherchent l'abîme où ils ont voulu fe précipiter, ils frémiffent de le rencontrer, & s'arrêtent faifis d'horreur...... Oui, je dois me livrer à l'efpoir qui me flatte. Dès que je leur parlerai, je leur donnerai par les affurances de mon amitié, une confiance en moi à laquelle ils n'ont point ofé prétendre. Ils liront fur mes traits que, dans mon cœur, eft l'oubli de leur faute : la férénité qui fera répandue fur mon vifage, fera renaître le calme dans leur ame. Cher époux! l'amour que j'ai pour toi va me donner encore des forces pour fupporter cette épreuve douloureufe. Je vais fauver l'honneur de ce qui

t'appartiennt; je vais, en me pénétrant de
ton indulgente vertu, te conferver le bonheur de chérir encore tes freres : mais, qu'ils
tardent à venir !

SCENE VI.

LE CHEVALIER, LA COMTESSE.

LE CHEVALIER, *derriere le Théâtre.*
Avec force.

SOYEZ fûr de moi : tous mes remords font
éteints, il faut qu'elle périffe.

LA COMTESSE.

O Ciel! qu'entens-je?...... Ciel, protége-
moi !

Le Chevalier ouvre la porte avec force, il a
l'air furieux & égaré; tenant une coupe à
la main, il s'avance vers la Comteffe, la
regarde, s'arrete tout-à-coup, & frémit; il
porte fa coupe fur une table; il paroît li-
vré au plus affreux défefpoir, & s'écrie:

LE CHEVALIER.

Femme cruelle!...... Voyez où vous m'avez
réduit !

LA COMTESSE.

Mon frere!

LE CHEVALIER.

Madame, avez-vous jamais connu à quel excès je vous adorois?...... Jugez quelle doit être ma fureur.

Il fait un mouvement pour prendre la coupe

Ah! monftre que je fuis!..... *Il revient à la Comteffe.* Madame, profitez de l'inftant de remors que j'éprouve; fuyez un homme au défefpoir, que bientôt peut-être aucun frein ne pourra retenir. Ce regard, cette voix qui vient de me défarmer, peut, doit même rallumer ma fureur... Tremblez.

LA COMTESSE.

O Ciel!

LE CHEVALIER.

Fuyez un égaré; je ne réponds plus de moi.

La Comteffe fuit vers la porte de l'efcalier dérobé; Mademoifelle de Virland l'ouvre, & la reçoit dans fes bras.

Mademoifelle DE VIRLAND.

Juftes Dieux!

LA COMTESSE.

O Dieu! ne m'abandonnez pas.

SCENE VII.

LE BARON, LE CHEVALIER.

Le Baron est entré au moment où la Comtesse s'échappe : on lit sur ses traits son inquiétude & son mécontentement.

LE CHEVALIER, *d'un air égaré.*

ELLE fuit.... elle échappe.

LE BARON.

Qu'avez-vous fait?.... *à part.* Ah! je sens qu'il faudra.....

LE CHEVALIER.

Où sont-elles? ..... Je les trouverai..... j'y cours.

LE BARON,

Arrêtez. Vous n'êtes point à vous; votre égarement découvriroit tout, & nous perdroit.

LE CHEVALIER.

Dans un abbattement affreux, déchiré par les remords, il se jette dans un fauteuil. Il y prend vingt attitudes différentes, toutes le

gênent. Son corps eft tourmenté comme fon
ame, il dit par intervalle :

Pourquoi m'empêchez-vous de l'immoler
à ma fureur, à ma vengeance ?.... pourquoi
m'arrêter ?..... Vous craignez de répandre du
fang. On reconnoîtroit, on rechercheroit les
criminels : quelle prévoyance !..... Homme
timide ! Ah ! je ne devois me confier qu'à
mon bras. Le poifon eft trop lent pour me
fatisfaire...... Que m'importe tout le refte,
quand je fuis vengé ? .... Nous fommes perdus ! nous fommes perdus !.... Mais quel projet ? Il eft infâme !.... Sommes-nous les freres du Comte d'Olinval ? Non.

LE BARON.

Moderez vos tranfports.... Qui peut nous
perdre ? Ne fommes-nous pas les maîtres de
démentir les propos injurieux & les imputa-
tions odieufes que la Comteffe & fa Gouvernante pourroient lancer contre nous ?
Pourra-t-on, fi l'on vous voit un front ferein
& tous les dehors de l'innocence, vous im-
puter un crime, & un crime atroce ? Mode-
rez-vous ; & je vous réponds de tout.

LE CHEVALIER.

Je fuis criminel, parceque je fuis un fu-

rieux; mais je ne fuis pas un impofteur. Ah!
fi je pouvois anéantir des fentiments qui me
déchirent! mais j'ai une ame fenfible, trop
fenfible! les paffions me tranfportent, mais
les remors me rongent; ma penfée fe lit dans
mes yeux; mon crime fera écrit fur mon
front. Avec un cœur droit, je fuis un fcélérat.

Le Chevalier retombe accablé.

LE BARON, *à part.*

Je ne puis plus me confier à un pareil infenfé.... Femme cruelle! & ma haine ne feroit pas fatisfaite!.....

En s'approchant du Chevalier, & reprenant
fon air diffimulé:

Eh bien! puifque vous ne pouvez vous mo-
dérer, je me charge de tout; mais renfermez-
vous dans votre appartement; foyez inac-
ceffible à tout le monde.

LE CHEVALIER, *avec emportement.*

Je voudrois me dérober à moi-même!.....
Mais, quelque précaution que vous preniez,
nous fommes perdus. Pourra-t-on ne pas
croire la Comteffe, quand elle parlera? Cha-
cun ici l'adore. Hélas! je l'adorois auffi. Mais
quel amour! quelle paffion, quelle horreur!

l'affaffiner, l'empoifonner!.... Oui, je fuis un fcélérat. J'abhorre la vie, j'en fuis indigne; je dois périr comme le dernier des malheureux.

LE BARON.

Homme foible! Vous n'avez jamais été maître de vous ; vous êtes égaré par vos paffions, vous cédez à la premiere impreffion qu'elles vous donnent; & moi plus foible encore, je me fuis abandonné à vos tranfports, & j'en fuis la victime. Croyez-vous que mon cœur ne foit point déchiré ? croyez-vous que toutes les horreurs de l'action, que vous m'avez forcé de commettre, ne me troublent point? Mais, fi j'ai été affez infenfé pour me livrer à vous, je fuis cependant affez à moi pour raffembler toutes les forces de mon ame & me roidir contre l'orage qui me menace. Allez lâchement vous livrer au peuple, rien ne m'étonnera. Encore fi vous me difiez, buvons enfemble cette coupe empoifonnée, & enterrons notre crime avec nous. Si vous vouliez percer mon cœur ulceré , je partagerois vos fentiments; & vous auriez le talent de me féduire, dont vous avez tant abufé;

mais

mais quand je vous propofe les moyens de nous fauver, & qu'il ne faut que vaincre un moment vos tranfports, vous êtes foible, & vous ne pouvez vous dompter.

LE CHEVALIER.

Ah! je faifis le parti que tu me propofes : tiens, prends cette coupe, bois la mort que tu as méritée. Pour moi, j'ai affez de courage pour me fervir de mon épée.

LE BARON.

Arrêtez. Nous prendrions ici le parti du défefpoir, quand c'eft celui de la vengeance que nous devons embraffer. Je fuis, plus que vous, maître de mes tranfports, je me charge de pourfuivre notre entreprife.

LE CHEVALIER *avec force*.

Et que ferez-vous malheureux?

LE BARON.

Nous nous fommes trop avancés, nous ne pouvons plus reculer. Je me facrifierai pour vous, je découvrirai le lieu où la Comteffe s'eft retirée. J'y pénétrerai, elle périra.

LE CHEVALIER.

Quelle confufion d'horreurs! Allons, je veux vous fuivre.

LE BARON.

Non, vous nuiriez à mes projets. Renfermez-vous dans votre appartement; que sur-
tout...

LE CHEVALIER.

Je ne me connois plus.

LE BARON.

Venez, renfermez-vous, laissez-moi mettre à profit les moments.

Fin du troisieme Acte.

ACTE IV.

SCENE PREMIERE.

LE CHEVALIER *seul*.

Qu'avons-nous fait! à quel excès nous sommes-nous portés! Mon amour n'est qu'un délire furieux; mais quel nom donnerai-je à l'amitié du Baron!...... Cependant la nuit vient, le Comte arrivera peut-être bientôt.... Il y a une heure que je n'ai point vu le Baron. Ah! s'il mettoit à exécution le projet abominable que nous avons formé, quelles horreurs ne nous prépareroit-il pas! Malheureux que je suis! ai-je pu consentir à ce parricide affreux!...... Voilà donc le but de mon amour, c'est d'assassiner la personne la plus belle, la plus vertueuse; c'est de porter la mort dans le sein d'un frere; c'est enfin de déshonorer la mémoire d'une femme dont tout le crime est d'avoir résisté à mon au-

dace. Ah monftre!.... Mais mon frere le Baron, qui auroit dû exciter mes remors, eft
le premier à les étouffer, il eft le plus achar-
né à la vengeance ; ce n'eft pas moi qui ai le
poignard ou la coupe à la main, c'eft lui.....
Quelle amitié épouvantable! Je ne puis arrêter les foupçons qui m'affiégent depuis
une heure, il me femble que, depuis que le
Baron m'a enfermé dans cet appartement,
un bandeau que j'avois fur les yeux foit tombé, que mon délire fe foit calmé, & que
ma raifon ait repris fon empire fur mes fens.
Mais quelles idées effrayantes ont fuccédé
à mes tranfports furieux! J'étois un fcélérat,
que nulle crainte n'arrêtoit; je fuis à préfent
dévoré de foupçons, & je ne me crois
entouré que par des traîtres & des perfides.

Le Baron ne revient point. Je frémis de
ce retard ; je tremble pour la Comteffe. Il
aura trouvé le moyen de pénétrer dans fon appartement.... Mon frere, arrêtez, ne frappez
pas.... Ah! volons chez la Comteffe, allons
la prévenir, les coups ne font peut-être pas
encore portés...... Les portes font fermées,
enfonçons les. Nul obftacle ne doit m'arrêter

pour fauver notre honneur, la vie de la Comteffe & la gloire de mon frere.

SCENE II.

LE BARON, LE CHEVALIER.

LE BARON.

Mon frere, vous êtes vengé.

LE CHEVALIER *avec effroi.*

Que dites-vous?

LE BARON.

Je me fuis facrifié pour vous; le crime eft énorme, je le fais; mais j'ai fenti que je ne pouvois vous fauver que par ce dernier attentat. Le Comte eft fur le point d'arriver, vous alliez être déshonoré à fes yeux, vous alliez être regardé dans le public comme un infâme, je n'ai vu que vos malheurs; vous étiez en danger, j'ai volé à votre fecours, j'ai expofé ma vie pour fauver la vôtre; enfin j'ai triomphé.

LE CHEVALIER.

Grand Dieu!

E iij

LE BARON.

Je me suis informé de ce qui se passoit chez Madame de Villeman où la Comtesse s'étoit retirée; j'ai appris qu'elle s'obstinoit à cacher la cause de sa fuite & de ses allarmes; j'ai donc cru pouvoir me présenter en assurance dans cette maison. J'ai saisi le moment où cette Virland étoit absente de l'appartement de la Comtesse, pour lui demander un entretien secret; j'ai accompagné ma demande de tout ce qui pouvoit l'empêcher de me le refuser. J'ai insisté pour lui parler sans témoins, elle me l'a accordé. Ah, mon frere! à quel excès peut me porter l'amitié que j'ai pour vous! J'ai profité du moment, & je l'ai poignardée.

LE CHEVALIER.

Quelles horreurs!

LE BARON.

Elle est tombée baignée dans son sang. elle a poussé des cris, j'allois porter un second coup, j'ai entendu du bruit; cette Virland, madame de Villeman & ses gens sont arrivés. J'ai jetté le poignard aux pieds de la Comtesse, & j'ai déclaré qu'elle venoit elle-même d'attenter à ses jours. Cette Virland, qui eſt le témoin le plus dangereux que nous trouvions partout, s'eſt écriée que j'étois l'aſſaſſin ; mais la Comteſſe n'a pu proférer une parole. Tous ceux qui l'entourent ſont encore indécis ſur l'auteur du crime. J'ai pris un air plus raſſuré. Cette Virland a ramaſſé le poignard ; quand elle a vu qu'elle ne pouvoit me convaincre, elle a voulu venger ſa maîtreſſe, mais on l'a arrêtée : on m'a prié de me rendre au château. J'ai cependant eu l'adreſſe de jetter des ſoupçons ſur Virland, & de la rendre aux yeux de tout le peuple complice d'un crime ſecret que la Comteſſe avoit commis envers ſon époux. Nous ſommes enfin à l'abri ; venez, embraſſez-moi, mon frere.

LE CHEVALIER.

Que je t'embraſſe, ſcélérat ! tu t'es couvert du ſang de celle que j'adorois : tu as fait plus, tu l'as déshonorée. Et quel eſt le crime que tu lui as imputé ? parle. Vas, je ne te reconnois plus pour mon frere. Je conçois, que la paſſion peut nous égarer, peut nous rendre injuſtes & cruels ; mais tu réfléchis ſur tes crimes, tu les entaſſes les uns ſur les autres, & tu les couvres d'une noirceur qui

E iv

épouvante. Je ne fuis point fait pour foute-
nir les trahifons & les impoftures. J'irai au-
devant du Comte; je lui ferai le récit de
toutes nos horreurs; je t'y traînerai de force;
je ferai l'inftrument de fes vengeances, ton
fang fe mêlera avec le mien; & notre mort
rétablira la mémoire de la femme la plus
vertueufe que tu as lâchement déshonorée &
affaffinée avec baffeffe.

*Le Chevalier tombe dans un fauteuil, accablé
de défefpoir.*

LE BARON.

Je mérite bien ces reproches odieux. Je ne
devois en croire que mes remors, & non mon
amitié aveugle qui me perdoit.

LE CHEVALIER.

Il fe leve avec fureur.

Des remors? traître! En peux-tu connoître? Ils n'entrent ni dans un cœur faux, ni
dans une ame lâche. Si tu avois eu quelque
fentiment, fi la voix de la pitié s'étoit encore fait entendre à toi, le poignard ne te
feroit-il pas tombé des mains à la vue de la
Comteffe; cet air de candeur, cet air d'innocence ne t'infpiroient-ils donc que de la
fureur? Ah barbare! Si les crimes te font

chers, s'il te falloit du fang, c'étoit le mien que tu devois répandre ; c'étoit celui d'un infortuné à qui la vie eft en horreur, & qui empoifonnoit celle des autres ; c'étoit un monftre qu'il falloit bannir de la fociété, & tu t'es acharnée contre la vertu même.

LE BARON.

Ingrat ? après m'avoir infpiré vos fureurs, après que je me fuis facrifié.....

LE CHEVALIER.

Si je n'attendois la préfence du Comte, pour te punir, je ne te répondrois qu'en te perçant le fein.

LE BARON.

Mon crime eft énorme, puniffez-moi de ma foibleffe, je l'ai bien mérité ; mais, mon frere !....

LE CHEVALIER.

Ton frere !... Ne crois plus me féduire par ce nom. Je ne vois en toi qu'un perfide, & un homme cruel qui mérite la mort.

LE BARON.

La mort !

LE CHEVALIER.

En portant la main fur la garde de fon épée.

Oui : mais je dois attendre.

LE BARON.

Mon frere, calmez vos tranſports, écou-tez-moi.... O Ciel! j'entens du bruit, le Com-te ſans doute arrive. Oui, c'eſt le bruit des chevaux. Diſſimulez au moins d'un jour..... demain, vous ſerez le maître de ma vie...... peut-être l'honneur de la Comteſſe exige de la retenue.

LE CHEVALIER.

Lâche! tu demandes graces, tu n'en es que plus digne de la mort.

LE BARON.

O Ciel!...... Mais on s'avance : c'eſt le Comte.

SCENE III.

LE COMTE, *ſuite de Domeſtiques, Acteurs précédents.*

LE COMTE à ſa Suite.

Pourquoi m'obſéder? laiſſez-moi...... Ah, mes freres!

LE BARON.

Mon frere, embraſſons-nous.

L'E CHEVALIER.

Non, c'eſt un ſcélérat qui mérite la mort.

*En diſant ces mots, le Chevalier court ſur le
Baron l'épée à la main ; le Comte ſe jette
entr'eux, le Chevalier continue :*

C'eſt un monſtre il a......

*Le Chevalier leve le bras ; des Domeſtiques
l'arrêtent & l'entraînent.*

LE COMTE.

Qu'on l'arrête.

LE BARON.

Qu'on l'enferme...... C'eſt un accès de fureur dont on ne ſeroit pas maître.

Le Chevalier, en ſe débattant.

Malheureux, laiſſez-moi...... Mon frere,
quoi cc traître, l'aſſaſſin.....

LE COMTE.

Qu'on l'emmene.

LE BARON.

Qu'on l'emmene.

LE CHEVALIER.

Entouré & entraîné par des Domeſtiques.

O déſeſpoir !

SCENE IV.

LE COMTE, LE BARON.

LE COMTE.

QUEL accueil! c'est l'épée à la main, c'est en s'assassinant que mes freres me reçoivent après une longue absence........ Mais, quels sont ces propos vagues que l'on me tenoit quand je descendois de voiture? Tout le peuple m'entouroit & me plaignoit.

LE BARON.

Hélas! que serai-je forcé de vous apprendre!

LE COMTE.

Quelle est la cause de la fureur du Chevalier, de ces larmes que l'on verse quand on me voit, & de ces soupirs qui vous échappent à vous même?

LE BARON.

Que me demandez-vous!

LE COMTE.

Depuis deux ans absent d'une épouse que j'adore, de deux freres que je chéris!... Mais allons voir la Comtesse. Mon ame est dans une affiete cruelle. Quelle que foit la caufe de nos chagrins, en mêlant nos larmes enfemble, elles en deviendront moins ameres.

Le Baron.

Ah! mon frere, arrêtez.

Le Comte.

Vous baiffez les yeux. Quel malheur avez-vous à m'annoncer?...... Mais, qu'entens-je fur l'efcalier? des femmes qui pleurent, qui fe lamentent...... Allons voir ce que c'eft..... Quelles idées triftes & affligeantes!..... quels preffentiments affreux!

Le Baron.

Non, mon frere, demeurez.

Le Comte.

Ne me laiffez pas dans des doutes qui m'accablent.

SCENE V.

AUBIN, *Acteurs précédents.*

LE COMTE.

Aubin, que venez-vous m'annoncer?......
qu'eſt-ce que ce bruit? d'où viennent ces
cris qui me déchirent le cœur? .... Tu ne
réponds point; tout eſt muet pour moi.......
Ah, malheureux! ..... Aubin, parlez.... Mon
frere, achevez-moi; je ne puis vivre dans
l'incertitude où vous me laiſſez.

AUBIN.

Monſieur!.... que puis-je vous dire?

LE COMTE.

Je veux aller où j'ai entendu le bruit; je
veux m'en éclaircir.

LE BARON.

Mon frere, où courez-vous? .... quelles
horreurs cherchez-vous à découvrir?

LE COMTE.

Rien ne m'arrête.

AUBIN.

Monſieur....... O Ciel! il verra encore les
traces du ſang.

LE COMTE.

Il s'arrête saisi d'effroi.

Du sang? & de qui!.... Ah, je friffonne!
Où eft mon époufe? où eft la Comteffe?

AUBIN.

Monfieur......

LE COMTE.

Eh bien?

AUBIN.

Il regarde le Baron.

La parole s'arrête fur mes levres.

LE BARON.

Que voulez-vous apprendre!

LE COMTE.

Parlez, cruels.

AUBIN.

Ne fortez pas, fi vous ne voulez mourir
de douleur..... Madame, hélas! .....

LE COMTE

Eft-ce d'elle dont tu parlois?....... Elle eft
affaffinée!..... ah! je fuccombe....

LE BARON.

Ce n'eft pas tout encore.... Si je vous di-
fois qu'à tant d'horreurs on joint celle de
la calomnie.

LE COMTE.

Que m'allez-vous apprendre? j'en frémis.

LE BARON.

On m'accufe.

LE COMTE.

Vous?

LE BARON.

Moi, votre frere.

LE COMTE.

Il fe jette dans un fauteuil, & dit dans fon accablement, avec l'expreffion de la douleur.

Quel fpectacle! quelles idées! quelle noirceur! Mon époufe affaffinée! mon frere que l'on accufe!

LE BARON.

Cela eft affreux.

LE COMTE.

Qu'ai-je entendu!

LE BARON.

Sortez, fuyez ce lieu funefte. Je vous apprendrai, car je le dois; je vous apprendrai la fource de tant d'horreurs.

LE COMTE.

O Deftinée cruelle!.... Elle faifoit les délices

lices de mes jours; je veux la voir, je veux
lui parler.

LE BARON.

Où allez-vous, malheureux! ô, mon frere! demeurez.... Venez, il faut tout vous révéler.

LE COMTE.

Quels soupçons! Vous m'allez plonger le
poignard dans le sein.

LE BARON.

Frere infortuné!...... Votre honneur est
blessé par les endroits les plus sensibles.......
mais c'est sans témoins que je dois vous parler.

LE COMTE.

O Ciel!

LE BARON.

Venez dans mon appartement...... *En regardant Aubin d'un air imposant :* Vous,
Aubin, demeurez, & soyez discret.

LE COMTE.

Il m'entraîne.... Infortuné que je suis!

AUBIN.

Le scélérat.... ah malheureuse Comtesse!

F

SCENE VI.

Mademoiselle DE VIRLAND, AUBIN.

Mademoiselle DE VIRLAND.

Aubin, quel malheur!

AUBIN.

Vous m'en voyez pénétré de douleur & d'effroi.

Mademoiselle DE VIRLAND.

Aubin, vous êtes honnête; vous avez l'ame fensible, uniffez-vous à moi dans cette circonftance critique, pour fauver la Comteffe des nouveaux périls qui la menacent, & la rendre à fon époux.

AUBIN.

Mademoifelle, vous m'avez rendu juftice, en ne doutant point de mon zele : croyez que je partage bien vos allarmes.

Mademoiselle DE VIRLAND.

Que fait le Comte? .... que dit-il?

AUBIN.

Le Baron eft avec lui ; & je frémis de vous dire qu'il l'a déja féduit.

Mademoiselle DE VIRLAND.

O Ciel! que m'apprenez-vous?..,.... Que deviendra cette Comtesse infortunée?..... la voilà exposée à de nouveaux attentats de la part de ce monstre.

AUBIN.

Mon zèle m'inspire un moyen de la soustraire à sa fureur.

Mademoiselle DE VIRLAND.

C'est le Ciel qui vous inspire.

AUBIN.

Le Baron desire trop la mort de la Comtesse, pour ne pas la croire lorsqu'elle lui sera annoncée. Publions-la dans le château; & mettez auprès de la Comtesse des femmes sures qui en écartent tout le monde. Le Baron, croyant jouir du fruit de son crime, abandonnera tous les projets qu'il avoit peut-être formés pour consommer de nouveaux attentats; & laissera au Comte, qu'il obsede, quelques moments de relâche dont nous profiterons.

Mademoiselle DE VIRLAND.

Oui...,. le crime agit avec audace; la vertu & l'innocence ont besoin d'user de détours.

Fin du quatrieme Acte.

ACTE V.

Cet Acte se passe en Scenes simultanées. Il faut supposer le Théâtre divisé par une cloison en deux parties également vues du Spectateur: d'un côté, est l'appartement du Baron; de l'autre, est celui de la Comtesse. Il est minuit, ou une heure.

Appartement du Baron.

Il est éclairé par une bougie posée sur une table. On voit des fauteuils en désordre, tels qu'ils doivent être dans la chambre d'un homme agité, qui en vain a cherché le repos; tantôt il se promene & tantôt il s'assied: quoique scélérat décidé, il paroît tourmenté par les remors. Ses gestes sont ceux de l'inquiétude.

SCENE PREMIERE.

LE BARON, *seul.*

JE me fais de vains phantômes. Que je suis encore foible! de quoi m'effrayé-je?

Il fait quelques grands pas,

Appartement de la Comtesse.

La Comtesse est dans un fauteuil, entourée des femmes qui la soignent.

SCENE PREMIERE.

LA COMTESSE, *Mlle.* DE VIRLAND, FEMMES *de la Comtesse.*

Mlle. DE VIRLAND.

QUE je suis rassurée! la blessure n'est point dan-

& tout à coup il s'arrête.

Le Comte ne doute nullement de tout ce que je lui ai dit.

Il réfléchit.

Il croit sa femme infidele, il croit qu'elle le trahissoit en faveur du Chevalier. Il est persuadé que la Gouvernante étoit confidente de l'infidélité.

Il s'assied & se releve.

Le Comte ne doute donc plus de mon innocence &

gereuse. Femme vertueuse & infortunée, vous vivrez, & la vérité triomphera.

LA COMTESSE.
Que dites-vous?... Hélas! pourquoi me forcent-ils à dévoiler leur crime.

Mademoiselle de Virland se détourne, & la Comtesse la cherche des yeux.

Mlle. DE VIRLAND.
Hélas!
LA COMTESSE.
Comment! est-il possible que vous n'ayez point vu mon époux.
Mlle. DE VIRLAND *à une des femmes, à part.*
Puis-je lui dire avec quelle indignité j'ai été repoussée de l'appartement du Comte par ses gens & par son ordre.
LA COMTESSE.
Vous ne me répondez point.
Mlle. DE VIRLAND.
Madame, songez qu'il est un Dieu qui protege l'innocence opprimée.

du crime dont j'ai chargé le Chevalier.... Il est persuadé que la Comtesse s'est poignardée elle-même, pour rejetter sur moi, qui lui reprochoit sa conduite, l'horreur d'un parricide. La Comtesse ensevelit avec elle, dans la tombe, la preuve de son crime.

Mais pourquoi ne puis-je m'en imposer à moi-même ? Je n'ai point encore détruit toutes ces vaines terreurs.

Il fait le geste d'effroi.

Le moindre bruit m'épouvante; je n'ose me coucher, je n'ose éteindre ma lumiere..... Voilà le triste effet des préjugés dont on a nourri ma foible imagination dans mon enfance.... J'ai besoin de repos. Mon sang brule mes veines.

LA COMTESSE.

Je n'ai point vu mon époux : peut-il cependant ignorer mon état. Hélas! quelles idées !

La Comtesse pousse un profond soupir, & paroit absorbée dans des réflexions tristes.

Une des FEMMES *à Mlle. de Virland, à part.*

On m'a dit que le Chevalier savoit, par Aubin, que le Baron l'avoit chargé du crime.

Mlle. DE VIRLAND.

Ah! que m'apprenez-vous?

Il s'assied, & se releve en sursaut. Avec force & effroi :

Qui est-ce ?

Il prend sa lumiere à la main ; & aprés avoir regardé avec inquiétude par toute la chambre, il la remet sur la table.
Qu'est-ce qui me déchire ? qu'est-ce qui me tourmente ? qu'ai-je à craindre ? tout dort, tout est tranquille ; l'on me croit innocent.... Tout dort, & je ne puis trouver de repos... J'entens du bruit : ai-je fermé ma porte ? Non. Voyons.

(Les personnes qui ont l'usage du Théâtre, se peindront aisément la pantomime qui se passe dans l'appartement de la Comtesse.)

SCENE II.

LE BARON, LE CHEVA-
LIER.

Le Baron reprend sa lumiere, il va à la porte : comme il l'ouvre pour en retirer la clef, le Chevalier paroit, l'air égaré & l'épée à la main.

LE CHEVALIER.

AH, traître ! c'est toi.... meurs. Je dois venger l'innocence.

Le Baron tombe, sa lumiere s'éteint.

LE BARON.

Je me meurs!

LE CHEVALIER.

En marchant d'un air
égaré.

Tu m'as rendu crimi-
nel, tu as noirci la vertu
même ; je te punis..... O
démon de la Vengeance !
je te rends graces d'avoir
endormi mes furveillants,
pour me laiffer le moyen
de m'échapper & de punir
ce traître.... Quel trouble
s'empare de mes fens!.....
Que ne dois-je mourir
auffi ! Mais je dois vivre
pour démafquer l'impof-
ture.

LE BARON.

Du fecours ! je me meurs.

LE CHEVALIER.

Non : meurs, lâche.
Il va vers lui, pour lui re-
plonger fon épée dans le
fein.

Avec force, en reculant
d'horreur :

C'eft mon frere... Non,
c'eft un fcélérat. *Il chan-*
celle. Fuyons, l'horreur me
pourfuit....... Que de crimes! juftes Dieux ?

SCENE III.

LE BARON *feul.*
Il veut fe relever, il fe traîne

LA COMTESSE.
Quelle nuit cruelle! je

avec douleur ; *il pouſſe
des cris plaintifs , ſon
ſang inonde le parquet.*

O mort! de quel jour
affreux tu viens éclairer
mes derniers moments !
Quel tableau effrayant tu
me préſentes de mes for-
faits? Ah ! les regrets que
je reſſens pour ceux que
je n'ai pas conſommés ,
& toutes les horreurs de
ma vie ne ſont point éga-
les à mon déſeſpoir.

O douleurs ! mais , de
toutes celles qui me dé-
vorent, la plus cruelle eſt
de mourir ſans être ven-
gé…. Quel trouble s'em-
pare de mon ame ! le
poiſon du remors vient-il
s'y gliſſer , pour me faire
éprouver des tourments
qui m'étoient inconnus.

SCENE IV.

LE COMTE, LE BARON.

LE COMTE.

*Il eſt en robe de chambre , il
a un flambeau à la main.*

Malheureux! ma mai-

ne puis prendre aucun re-
pos. J'ai des doutes af-
freux. Que le jour eſt long
à paroître? Eſt-ce en vain
que je me flatte que ce jour
me rendra mon époux?

*Mademoiſelle de Virland
cherche à cacher ſes lar-
mes à la Comteſſe.*

LA COMTESSE.
Votre ſilence m'afflige.
Mlle. DE VIRLAND.
Il eſt l'effet d'une dou-
leur profonde.

*Mademoiſelle de Virland
laiſſe des femmes autour
de la Comteſſe , & va ca-
cher ſes pleurs dans l'em-
brâzure d'une fenêtre.*

son m'est devenu un lieu
d'épouvante.

*Il voit le corps du Baron
baigné dans son sang, il
recule avec effroi.*

Ah Dieux! quelles nouvel-
les horreurs? Le Baron baigné dans son sang!

Il va à lui.

LE BARON.

Je me meurs!

LE COMTE.

Qu'allez - vous m'ap-
prendre? j'en frissonne!
Quoi, le Chevalier.... fa-
mille infortunée!

LE BARON.

Oui.... le Chevalier.....
Ah! je me meurs.

LE COMTE.

Il a perdu son sang; il
va périr!

*Il sonne, & va à lui pour
le relever.*

LE BARON.

Laissez-moi. La vie m'est
en horreur.

LE COMTE.

Mon frere?

LE BARON.

Je me meurs.... Les scé-
lérats ont des remors, j'en
éprouve de cruels.

LE COMTE.

Qu'entens-je?

LE BARON.

Fuyez-moi.

LE COMTE.

Il se jette dans un fauteuil.

Qu'a-t-il dit? Malheureux!

*Les femmes qui sont autour
de la Comtesse, paroissent
avoir de l'inquiétude &
des soins empressés.*

SCENE V.

Les gens du Comte entrent, ils sont saisis d'horreur.

Le BARON *leur dit:*

LAISSEZ-moi mourir.

Le Comte, dans sa douleur extrême, ne pouvant parler à ses domestiques, leur fait signe d'emporter le Baron, qui jette des cris affreux ; ils obéissent.

SCENE VI.

LE COMTE.

O JOUR ! ô nuit épouvantable ! Je ne vois partout qu'horreur, qu'ambiguité, que des sujets de désespoir. Je ne pouvois trouver le repos ; je venois pour m'éclaircir avec le Baron sur les doutes affreux qui me dévorent.

Il tourne la tête, il voit du sang ; il la détourne avec effroi & s'écrie:

Ah! son sang fume encore: Dieux, quelles images ! hélas!

Il tombe dans une mélancolie profonde.

La même Scene pantomime continue toujours dans l'appartement de la Comtesse.

Il doit ici se passer des mouvements dans l'appartement de la Comtesse, qui annoncent que les femmes sont instruites des horreurs qui se sont commises dans l'appartement du Baron.

SCENE VII.

LE COMTE, *un* VALET *de chambre.*

Le VALET *de chambre.*

MONSIEUR, voilà une Lettre que l'on a trouvée fur la table de M. le Chevalier. On ignore ce qu'il eft devenu.

LE COMTE, *d'un air abforbé.*

Le Chevalier?.... quoi?

Le VALET *de chambre.*

Une Lettre, Monfieur.

LE COMTE.

Donne. Ai-je la force de lire! & que vais-je lire?

La même Scene pantomime continue dans l'appartement de la Comteffe.

LETTRE.

Le Baron m'avoit entraîné dans le crime; la Comteffe trop vertueufe a été affaffinée par lui. Il l'a chargée, & m'a noirci à vos yeux. Il m'a accufé fauffement; je l'ai puni & je me fuis vengé. Voilà affez d'horreurs ici, Je vais mourir loin de vous. La Comteffe eft innocente, nous fommes deux monftres, le Baron & moi.

La Comteffe eft innocente! oui fans doute elle l'eft. Ah, malheureux! tu l'as cru coupable! ... femme infortunée! mon crime envers toi eſt ſans doute comparable à celui de ces malheureux. Quoi! j'en ai cru plutôt les diſcours perfides de mon frere, que cette voix puiſſante qui parloit pour toi dans mon cœur! Hélas! ta vie paſſée, ces ſentiments vertueux dont j'ai fait mes plus cheres délices, ne devoient-ils pas être les garants de ton innocence? Ah, homme foible & injuſte! pourquoi, dans ton cœur un ſentiment jaloux eſt-il toujours inſéparable de l'amour le plus pur. Plus ton bonheur eſt grand, plus la crainte de le perdre & d'être trahi te donne une crédulité funeſte, dont profitent trop ſouvent l'impoſture & la perfidie. Victime infortunée! pourquoi faut-il que mon repentir ſoit ſtérile? Je n'ai que des pleurs à verſer ſur ta tombe... Ah! je mourrai avec toi.

SCENE VIII.

LE COMTE, *un* DOMESTIQUE,
LE DOMESTIQUE.

MONSIEUR, M. le Baron touche à ſon dernier mo-

ment; il m'envoie vous
dire que, déchiré par les
remords, il a des fecrets
à vous révéler.

LE COMTE.

Ah! ils me font tous
connus.

LE DOMESTIQUE.

Monfieur, le tems preffe.

LE COMTE.

Allons..... je te fuis.....
Que faut - il entendre?
Soutiens-moi.

LA COMTESSE.

Vous me fuyez, vous
ne me regardez que les larmes aux yeux; mon état
eft-il donc bien dange-
reux, ou mon fort bien à
plaindre? Hélas, ne me le
cachez pas.

Mlle. DE VIRLAND.

Votre état n'eft point
dangereux; mais pouvons-
nous cacher les marques
de notre douleur?

LA COMTESSE.

Vous ne me parlez point
de mon époux, Mademoi-
felle de Virland. Je fuis
ici trop éloignée de lui.
Puifque vous m'affurez
que mon état n'eft point
dangereux, je veux me
faire tranfporter chez lui,
s'il eft encore livré au fom-
meil, j'attendrai dans une
chambre voifine : Je fens
que mon cœur fera forte-
ment foulagé, en lui don-

nant cette nouvelle marque de ma tendreſſe.

Mlle. DE VIRLAND.

Vous le verrez ſans doute, Madame ; mais je crains.

LA COMTESSE.

Ah ! ne vous oppoſez point à l'exécution d'un projet d'où dépend peut-être tout mon bonheur. Vous, qui liſez ſi bien dans le fond de mon ame, découvrez-y ce que je n'oſe vous dire.

Mlle. DE VIRLAND.

Femme reſpectable !

LA COMTESSE.

Que je ſuis agitée.....
Mais j'entens quelqu'un.
O mon cœur ! ne me trompez-vous pas !

SCENE II.

LE COMTE, *Acteurs précédents.*

LE COMTE.

C'EST un infortuné qui vient vous demander grace ; mais que, par mes tourments, j'ai payé cher mon erreur & mon crime !

LA COMTESSE.

Que me dites-vous ? Ah ! mon cœur s'abandonne à la joie de vous voir, il n'a plus d'autres ſentiments. Mon cher époux !

LE COMTE.

Je suis indigne de ce nom.

LA COMTESSE.

Vous! .... Il me baigne de ses larmes !

LE COMTE.

Femme respectable, je vous ai cru parjure, infidele.

LA COMTESSE.

Je ne le suis point.

LE COMTE.

Je suis un malheureux.

LA COMTESSE.

Vous êtes mon époux.

Fin du cinquieme & dernier Acte.